다시, 애썼다 피워내느라

오영희 시집

다시, 애썼다 피워내느라

Poems by Oh young hee

동학사

■ 시인의 말

다시,
생각해 보니
살아간다는건
애쓰는 일이였다
어떤 모습으로든
항상 피어 있었다
어디에 있던 무엇을 하던
애를 써왔기에 견딜 수 있었다

또 다시 생각하니
다시 보고
다시 듣고
다시 말하며
다시 나를 들여다 본다
다시가 나를 살리는 구나

2022년 봄
오영희

다시, 애썼다 피워내느라 오영희 시집

01 다시 시작과 끝의 부활

02 발효 성숙해진

03 뒤란 다가올 모든 것들의 친절한 표지

04 경계 있어서도 없어서도 안될

01

다시

시작과 끝의 부활

꽃의 용기

온 몸으로 소리치는
저 꽃의 환호성

얼마나 두려웠으랴
그 거센 바람이

얼마나 조급했으랴
그 짧은 햇살이

살포시 내밀은 새싹
가득 담겨오는
환한 미소

그 화사함 말고
더 소리치고 싶은 건
내 안에서 저절로
터져 나오는
팝콘 같은
용기

다시

다시
다시, 다시, 다시, 다시, 다시,
다시,

시작과 끝의
부활

나를 만나듯

고치고고치고 또 고치고
그 어느 깊은 심연의
바닥에 맞닥뜨릴 때
비로소 나를 만나듯
내가 보이듯

보고보고 또 보고
가라앉을 때까지
고요해질 때까지
물처럼 바람처럼

수정처럼 맑은 속이
보일때까지

입술로 피아노 치듯

입술로 피아노 치듯
한 음 한 음
입술이 손가락 되어
누르는 시어

양철지붕 낙숫물 떨어지듯 그리움으로
때로는 바람을 머금은 풍경같이
때로는 언덕 위 폭풍우 휘몰아치듯 들려주는
입술 연주곡

시의 말
적확해야한다
그 소리가
심장의 심연에 울리도록

삶의 말
아름다워야 한다
그 소리가
별빛처럼 빛날 때까지

단배추의 배꼽

봄 햇살 입은 단배추 잎 잘라
물김치 담았다
뿌리만 흙에 꽂아 둔지 며칠

탯줄 같은 줄기 싹둑 잘린 그 자리
배꼽 같은 흉터 안으로
파란 우주의 생명이 자라고

그랬다
중심만 있으면 살아내는 것을

알밤줍는 자화상

머릿속에 살고 있는
밤나무 한 그루

밤 주워라
어머니 말씀에
학산 숲을 향해 간다

사철 마르지 않는 우물 속
수많은 기억의 흔적이
엿보이고 더 깊어졌다

밤나무 바라보기로 했다
가만히 있기로 했다
잘 익은 생각들이
벌어진다

이미 지나간 우물 안으로
돌 사이로 풀숲 사이로
툭툭 떨어진다

작대기로
가시덩굴 같은 상념을 헤치면
다문다문 사이사이에 쉬고 있는

일용할 양식으로 하루를 길어내야 할
싱싱한 밤톨 같은 언어들
연기처럼 사라지지 않을
심연에 담는다

오늘도 우물 안으로
윤기 흐르는 밤톨 하나
첨벙 소리에

서성이는 새벽길

나무의 선

나무는
제몸을 치장하고 있던
화려한 잎들을 떨구었다.
푸르고 싱싱함으로 가려진
벗어내고 싶었던 집착을

선과 선 사이 푸른 하늘로
착하게 드러난 겨울나무
더 이상 내어줄 것 없이
뼈대 앙상한 나목의 채움임을
다가가 등 두드리며
미소짓는

나목의 선을 보며
모호한 내안의 선을 만날 때
그 선에 기대고 싶다
또렷하게 선해지고 싶은

벼랑 끝 소나무

바람 부는 대로
비 맞은 대로
빛 오는 대로
휘어진 당당함

벼랑 끝
바위에 뿌리 내리고
견디어낸 천년 세월

학 한 마리
날아와
다시 천년

안테나

옥상 위 녹슨 안테나
이웃집 밥솥꼭지
돌아가는 소리
부지런한 새소리 잡힐까

허공에 스쳐 지나는 소리 소리들
잡히지 않는 잡아야 볼 수 있는

마알간 가을햇살에
신과 눈이 마주친 듯
그윽한 눈빛 속에 내 영혼이 교감 할 때
AI목소리 연애하듯 설레임을 줄 때
번쩍 심장에 불이 들어온다

이제는 땅속 깊숙이
허공 속으로 숨겨진
어디에도 보이지 않는

어느새 붉어진 나뭇잎에서
사람들이 흘리는 대화에서
길거리 난무한 현수막에서
텔레비전 세상에서
깜깜한 밤하늘 별빛에서 잡아내는
영감의 촉

나를 말리다

오도독 오도독
말리면 말릴수록
씹는 맛이 난다
볕 좋은 가을햇살에
바짝 오그라든 무말랭이

축축해진 게으름
허공을 향한 외로움
맨몸의 고독이
꼬들꼬들해질 때까지

구멍이 숭숭 뚫려
불안한 목을 길게 빼고
햇빛에 널은 정강이뼈

씹으면 씹을수록
고소한 침묵의 맛
나도 말리고 싶다

나

흐르고
흘러
흘러서
흐르니
흘러야
산다

산을 쓸며

그해 여름 먹으면 토하는 병이 생겼다
하룻밤 사이 몸의 온 에너지가 빨려나가
두 눈은 허공에 머물며
흐물흐물 해파리 같은 근육들

그동안 발 딛고 살지 못하고
어디로인가를 향해
날아다니듯

발가락 사이사이로
현실을 밟아 보는 삶
시원하고 경쾌하고 짜릿한

내 것이 될 수 없기에
받아들일 수 없었기에
밖으로 밖으로 나가는 걸까

뭉툭한 사랑의 돌맹이
바싹 마른 영혼의 솔잎파리
욕망의 거품을 일으키며 휘날리고
수행하듯 산허리를 쓸어내니
하얀 등뼈 드러난다

디딜 수 없다면 디딤돌이 될 수 없듯이
기꺼이 결 고운 하얀 맨발을 내밀어
지상의 흙에 입 맞춘다
이 땅에 딛고 일어서야 하기에

꿈

꿈은 영롱해
속까지 잘 보여

때론 너무 생생해
겉도 안보여

어쩜 이 순간도
꿈일까

종자들의 여행

콘크리트 틈 솟아오른 민들레
돌 틈 사이 비집은 강아지풀
이국멀리 바다 건너온 개망초

어디에서 시작되었는지
어디로 향할 것인지
알 수 없는 씨앗들

바람 부는 대로 보는 대로
구름 따라 가는 대로
머무는 곳에 만나는 대로
뿌려지는 종자여

꽃, 피는 신발

비오는 날 2층 계단
쪼그리고 앉아

모래알 가득 담긴
구두 신은 라울

지금은 메마른 땅에 뿌리내려
온전히 비 맞으며
싱싱하게 싹 틔우는

뜨거운 태양아래
묵묵히 어디를 가는지
때론 홀로 때로는 둘이
한없이 걷던

옮기던 걸음마다
씨앗하나 심더니

닳고 닳은 신발위로
피어난

돌의 향기

돌이 꽃으로 둘러싸여
꽃이 돌이 되듯
몸살을 앓는다

한해 지고 말 꽃이
수억 겁을 지나온 돌에게
거침없이 경을 읽어준다
돌도 꽃이 될 수 있다고

문득
돌에서 바스락 거리며
나는 향
돌이 피어나는 걸까

눈물

한 번도 가 본적 없는
두려움의 동굴

수 억겁의 세월 속에
침식당한 슬픔의 고결함
굳어서 녹아 흐르는
침묵의 소리

물속 찰나에 스치는
오색영롱한 빛
물이 빛 되고
빛이 물 되어

내 안의 나를 밝히는
바다로 이어져

허공은 둥글다

점점이 모여서
점점 원이 된 점

점과 점 사이
원과 원 사이

무한한 허공의
보이지 않는 점
사이로
길게 추락한 원

다시 날아 오른
원

다시
한 걸음

쓰레기를 줍다

비웃음 분노 억울함
치욕 모멸 무시 부정
조각난 욕망의 파편들
눈덩이처럼 쌓여가는

고개를 들고는
주울 수 없는
역겨운 이 고통들

아
고개 숙여 주워 담는
용기 있는 손끝으로
돌리고 돌려서 묶는 봉투
이 선 위는 재사용 못하도록

세브란스 2003호에서

내 몸에서 눈 밟는 소리가 난다
내 몸에서 눈 밟는 소리가 난다

기도하는 두 손 사이로 들리는 소리
뽀드득 뽀드득 뽀드득 뽀드득

새롭게 걸어가고 싶은
새 아침을 맞고 싶은
새로 태어나고 싶은

내 몸에서 눈 밟는 소리가 난다
새하얀 길의 소리 뽀드득 뽀드득

나무는 알고 있다

나무는 알고 있다

언제
싹을 틔우는 연한 소리가 필요한지
어디에서 꽃을 피우는 화려한 미소가 어울리는지도
가파른 호흡으로 절정의 아름다움을 소리치고
가장 길고 낮은 호흡으로 열매를 담아
낙화처럼 겸허한 눈빛으로 바라보아야 하는지
화려한 꽃을 위한, 낮은 숨으로 오랫동안 참아낼 줄 아는

아
나무처럼
뿌리 깊은 나무처럼
비와 바람과 구름이 새와 꽃들이 자유로이 노닐다 갈 수 있는
침묵으로 소리의 침묵으로

깊은 울림을 전해주는
나무처럼
시를 읽고 싶다

새싹

삶의 진창에서
밑창 너덜너덜한 신발 속에
씨앗 하나 담아
내를 건너고 산을 넘은 한 걸음

그 어느 척박한 땅에
뿌리내려 빛을 보고 자라듯

새까만 발톱 안으로
초승달 뜨듯 슬며시 틔워내는
내 영혼의 싹
꿈

국밥

내 마음
아무에게도 내 놓을 수 없을 때
국밥 한 그릇

소의 큰 눈망울처럼
선연한 어머니 눈동자
구석구석 혈관을 타고 들어오면
짜릿한 눈물이
위로가 되어 말아지는 밥

등짝이 늘어지고
목덜미가 훈훈해지며
미간 사이가 촉촉해지면
얼음장 같이 차갑던 그 마음
봄눈처럼 녹아내린다

일평생 소처럼 묵묵히
어머니의 마음으로 우려내
견디어 내는 삶의
맛

처음 오는 길

태양은 날마다 새로 뜨는데
머릿속 길도 날마다 새로 생기는 걸까

늘상 산책하는 길
층층나무와 아침햇살과
토끼와의 첫 눈 맞춤
내안의 꽃과 풀과 나무들이 자랐나보다

꽃씨가 뿌려졌을까
풀씨가 날아왔을까
새싹들이 자라났을까

집으로 오는 골목길
돌아돌아 두리번거리며
처음 오는 길처럼

날마다 새로워지는 건
좋은 걸까 나쁜 걸까
어쩔 수 없이 태양처럼
새로운 환한 웃음

길이 아닌 곳에 가면

길이 아닌 곳에 가면
보이는 길
어디로 길을 내야 할지
다른 길에서 더 잘 보이는 길

내 길만 길이 아닌
남의 길도 내 길
내 길도 남의 길임을

길은 길로 연이어
가는 길이 나의 길

출근

날마다 출근부 없는 출근으로
마음의 도장을 찍는
그대

날마다 펼치는 꿈의 바다에
붉은 도장으로 찍히는
뜨거운 흔적
사랑하라
생

발효

꽃을 보니

서어나무 앞에서

마음

문이 열리면

포플러나무의 명상

틈

숲을 통해, 숨을 위해

고사리를 꺾으며

오래 살면 신화가 될까

광대놀음

아카시아잎 게임

오월, 장미의 슬픔

유물

톱니바퀴

몸에 침을 꽂으니

무기

나무 되던 날

선

감포에서

지금, 헤어지는 중

02

발효

성숙해진

발효

설탕에게 온갖 소리를
풀어놓는 개복숭아

상황에 맞는 소리를 하는 거야
세상이 그렇게 쉬운지 알아
부글부글 들리는 소리

모양 다른 너와 내가 한 곳에서
색깔 같은 나와 네가 한 맛으로
들리지 않는 소리

숙성되었나보다
덩달아 성숙해진
나

꽃을 보니

작은 일에도 동공이 넓어지고
똑똑해지는 호기심
꽃이 뭐길래

아무 말도 하지 않고
아무 짓도 하지 않고
오로지 보기만 했다

거칠었던 호흡
부들부들해지는
포메라니안털 같은 숨결

꽃이 나를 보는지
내가 꽃을 보는지
눈과 눈이 마주하기를 오래

그 마알간 눈동자에서
툭
애썼다 피워내느라

서어나무 앞에서

서어나무 앞에
멈추어 서서

헐떡이던 숨소리도 가다듬고
종종 뛰던 걸음도 멈추고

마음의 손을 내밀어
한 그루 나뭇가지 같은
팔과 다리를 어루만져본다
뒤따라오고 있는
내 영혼도
잘 오고 있는지

마음

오늘은 구두 수선공처럼
구두약 발라 먼지 쌓인 기억들
반들반들 닦아내고
낡은 오해의 밑창도 뜯어내고
한 뜸 한 뜸 기워내는 마음

오늘은 농부같이
밭고랑에 열무 씨를 심는다
솎아내야 튼실한 무가 되듯
아낌없이 마음을 솎아내고
움푹 패인 가슴에 심는 마음

오늘은 석공이 되어
돌 하나 들고 온종일 들여다보다
돌처럼 굳었다
마음이
흔들리지 않는 돌부처가 된 걸까

문이 열리면

마음이 열리면
열리는 문

검정도 하양도 없는
허공만이 존재하는
문

열린
그 문으로
선물 보따리 한 아름 안고

마지막 잎새처럼
들어오는
알아차림

포플러나무의 명상

이름 모를 신작로 옆
누운 포플러나무
안타까이 바라보다

타이스의 명상곡을 들려주니
와불처럼 삼매경에 빠져드는

가끔 누워서 보면
서있는 것이 대단해
공중에 둔 머리
중력의 힘에도 불구하고

포플러 잎사귀 손짓 사이로
새 세상이 보인다
영혼 한자락 바람처럼
씻겨가는

틈

은행을 굽는다
뜨거워질 대로 뜨거워진 삶
한 치의 여유도 없는
완벽한 폭발

둥근 원 안에서 튀어나오는 몸부림
자신이 원하는 둥근 삶이
원하지 않는 삶 밖으로 이어진

틈 사이로 스며든
사랑과 용서의
둥근 삶

온몸으로 받아들인
그 뜨거운 것의
틈이라니

숲을 통해, 숨을 위해

숲을 통해 숨 쉬고
숨을 위해 숲을 찾는

그 숲에서 목구멍까지 치오르는
세상의 비명소리에
숨을 크게 내어 쉬어 보지만
결국 내밀한 울음소리에
소나무를 껴안는다

아무 말 없이 그 꺼칠꺼칠한
등을 내어주며
입술에 전해지는 삶의 고단함은
누구나 그러하다고

손바닥 사이를 훑고 지나가는 바람처럼
자유함을 갈구하며 위로하고

아쉬움의 한계는 여백이라는 듯
나무 사이로 언뜻언뜻 비춰지는 공간들

대가 없는 삶이 없듯
삶의 걸음마다 몸이 기억하고
맘에 저장되고 있는
생을 향한 숨 고르기

고사리를 꺾으며

거기, 고기, 거기, 고기,
칠순 어머니의 목소리다

눈을 씻고 찾아도
고사리는 없다

거기 손짓하는 곳을 향해
길게 뻗은 손가락
고사리는 잡히지 않는다

고기, 크게 뜨고 바라보는 눈
고사리는 보이지 않는다

거기, 고기
수없이 같은 곳을 손짓하고
같은 곳을 바라보아도
고사리는 없다

하늘담은 바람을 저 뼛속 깊은 곳까지 들이 쉰 다음
다시
거기를 향해 내밀은 손
고기를 향해 하늘을 담은 눈동자

분명히 아까는 없던
거기에
고기에

비로소 마음의 고사리에 멈추어
천천히 바라보니
고사리만 보인다

오래 살면 신화가 될까

이른 햇살에는 남자 같은
여자의 모습을 한 여자
해거름에는 여자 같은
남자의 모습을 한 여자
두 여자 사이에 네 사람 사이를 갔다 왔다

나는 어떤 여자일까
내 안은 남자
내 밖은 여자
아니면 안은 여자 밖은 남자
어쩌면 내 안도 여자 밖도 여자

밖은 사람 안은 짐승
밖은 짐승 안은 사람
안팎이 사람다운 사람
안팎이 짐승같은 짐승

언제쯤 사람 같은 사람이 될까
오래 살면 신화가 될까

광대놀음

자주 가는 산길에 그녀가
무수히 지나며 발끝에 채여 쓰러지고
새벽 담배 밭고랑에 앉아 뽑아내야
갈 수 있었던

곳간 높이 말린 담뱃잎
발끝 딛고 내릴 때처럼
생의 외줄을 아슬아슬하게 버티는 것임을
우리네 삶 광대놀음이라 일러주듯

오랜 세월 기다렸다는 듯
알 듯 말 듯 건네는
진분홍빛 해맑은 미소의
광대나물

아카시아잎 게임

숲속에서 그들의 게임이 시작되었다
아카시아 잎 따기

눈가 주름 가득한 가위 바위 보
엄지와 검지를 동그랗게 말아 쥐고
힘껏 튕겨 이파리를 떼어 내야만 한다
온전히 힘을 다 모아

채움에서 비움으로 접어든 세월속
이기고 싶은 욕망 속에
너를 밟고 딛는 것 없이
이파리 따내는 것이 전부인

마지막에 오로지 손가락만으로
향기나는 잎을 뜯지 못하면
또 잎사귀의 코를 걸어
끝까지 기회를 주는 정

이겼지만 진 듯한
이긴 자의 지켜낸 듯한 안도의 한숨과
졌지만 이긴 듯한
진자의 통쾌한 후련함

아카시아향기 같은
상큼한 웃음이야말로
규칙 없는 삶의 게임규칙

오월, 장미의 슬픔

겹겹이 둘러 안은 슬픔 속에 갇히듯
꽃잎 속에 묻힌 꿀벌 한 마리의 슬픈 노래

40년이 넘도록 어김없이 장미는 피는데
그 날 가버린 꽃다운 친구는
그날 이후 다시는 오지 않아
나는 죄진 마음으로 벌처럼
슬픔의 붉은 잎에 물들어
헤어날 길 없다

망월동 그 언덕엔
진혼곡 음률 따라 진분홍 꽃잎 난분분 흩날리고
붉은 꽃을 기억하는 잊혀지지 않는 향이
가시 많은 장미의 가슴을 어루만지듯
꽃 잎 헤치고 들어가는 벌처럼
가슴으로 여지없이 파고드니

어스름한 5월 18일 망월동의 봄
장미는 다시 필 그날 기다리고

첫 출근에 손 흔드는
장미넝쿨

유물

존재조차도 희미한
공중에 흩날리는 먼지

오랜 세월 밝은 곳보다
삼각형 그 모서리 어느 귀퉁이에
쌓이고 쌓여 이루고 있는 역사

화석이 되어
유전자마저도 알 수 없는

쪼갠다
부순다
아니라고
지나간 것이라고

이제 유물이 되어버린
낡은 것들을
크리스탈에 넣어두고
바라본다.

어린아이 목소리가 들린다
엄마가 그랬어

응
그랬지
그랬었지

습관

톱니바퀴

모질게 날카로운 발톱을 내미는 건
어깨를 기대고 싶은 그 무엇

모진 것도 둥글음이요
날카로움도 둥근 것이다

모진 것은 모진 것끼리
날카로운 것은 날카로운 것끼리
측은하게 둥글게
돌고 도는 유전의 안타까움

모질고 날카로움도 지상에 발을
딛었을 때의 둥근 처음이
기억조차 희미해질 때
바늘 끝이 되었다.

뾰족하게 맞물려서 서로 아프게
안아줄 수 있는
원형의 미학

몸에 침을 꽂으니

몸에 침을 꽂으니
꽃그늘이 이제야
꽃그늘로 보인다

높은 산 중턱에도
오르지 못할 때에

아무리 급해도
싹 날 때 눈길 주고
꽃 필 때 눈길 주고
열매 맺을 때
누릴 줄 알아야

몸에 침을 꽂기 전
혈관 속에
봄이
개울처럼
흐르기를 원하면서

무기

시가 무언지 모를 때
시를 쓸 수 있는
무기가 있다고 했다

강물을 거슬러
물의 깊이와 빠름을
온몸을 실어 발가락에 의지한다

허공에 있는 다리를 내리고
바닥에 있는 발바닥을 들어 올리며
다 된 듯 긴장의 끈이 풀리는 찰나
기우뚱하며 물속에 빠져본 뒤의 일이
가장 위험하다는 걸 알고난 후

흐르는 물속의 골뱅이를 잡을 때
바람처럼 멈추지 못하는 시간의 흐름에
나를 적셔야 손 안으로 잡힌다는 걸

미끄럽고 두려운 삶은
온 몸을 누이고 하늘이 보이는 너럭바위보다
자잘한 돌맹이 틈새 가려진 수초같은 불만

비로소 이 땅에 서 있는 것은
발 혼자의 힘이 아니라는 걸
강물과 바람과 하늘의 문장들이
들려주는 무기가
삶이였음을

나무 되던 날

나무 옆에서 오래 숨을 들이 쉰 탓일까
나무가 되었다

널찍한 걸음으로 당당하게
눈길 한번 주지 않고
앞만 보고 저 높은곳을 향해

허리를 잔뜩 구부리고
깊은 한숨으로 땅만 보며 걷기도
한이 많은지 느닷없이 내 가슴팍에
한을 풀어내듯 등을 탁탁치는

가끔은 사랑을 받고 싶은지
어깨를 기대고 속눈썹 파르르 떨며
나를 꼭 껴안고 볼때기를 찰싹 비벼댄다
그도 전생에 나무였을까

나무가 되어보니 알겠다
제각각인 사람들
나무가 사람 되고
사람이 나무되던 날

선

콘크리트 바닥이 닳도록 희미한
헐떡이는 숨을 몰아쉬며
오로지 선을 따라 간다

선을 따라가면
끝까지 선이 나온다

선을 벗어나면
선이 없다

선은
누가 긋고
누가 이을 것인가

선 없는 선의 세상 속에
선을 향하는
길

감포에서

수없이 밀려오고 밀려가는
삶의 파도 속에

알 수 없는 인연은
까만 조약돌처럼
따듯한 이상에 꿈을 잇고
멀리 보는 갈매기
수평선 너머로 향한다

한낱 허무한 거품으로 끝날 꿈일지라도
닳고 닳아 둥글어진 운명처럼

출렁이는 꿈의 모난 돌 하나
묵언수행 하듯
고요한 손바닥

지금, 헤어지는 중

밤마다 이별 연습 중
안간힘을 쓰며 내려놓는
낮의 그 질긴 이야기들

끊임없이 떠오르는
끊으려고 애쓰면 애쓸수록
더욱 꼬여지는 연줄 같은 이야기

눈꼬리에서 손끝으로
온 몸의 힘을 빼어낼 때
비로소 깊은 평안을

서서히 잠속으로 빠져 들어가는
지금은 연습 중

03

뒤란

다가올 모든 것들의
친절한 표지

저울

사람에게는 추가 있다
달 수 없는

눈금 없는
추억과
그리움과
외로움을
사랑의 무게로 달아보는

뒤란

하얀 꽃 딸기 향 그윽한
손님이 올 때만 방문할 수 있는
그리움의 뒤란

뒤란에는 애틋하게 견디어낸
아버지의 회초리와
요강소리의 부끄러움이
산등성이 별똥별의 알 수 없는
미지의 세상으로 이끌림이 있다

이슥한 밤이 되면
하루의 뒤란에서
걸어온 발자국을 살피며
여우처럼 들여다보는 흔적들

코끝에 스친 향기만으로도
바위틈 더덕임을 알아차리듯
추운겨울 오거리 어지러운 갈림길에서
다가올 모든 것들의 친절한 표지

뒤란에는
어제의 실수를 접붙여
더 나은 파란색 딸기 향
그윽한 오늘이 산다

아침밥상

우시장에 나서며
기도하듯 마음을 모아
오늘 재수가 있기를 기원하는
아버지의 아침

소금 같은 말씀 넣어 데친 시금치로
새파랗게 일으키는 오늘
든든한 삶의 혈자리

초록피로 수혈하여
몸을 돌리어내듯 하루를 돌려
마음으로 차리는
아침밥상

그날

누구를 미워하던
그날

누군가를 헐뜯던
그날 밤

지렁이 한 마리
튀어나온 면도칼

꿈 속
입 안에서

이제 사랑만 해야지

희망의 손

흉악하다며 꺼려하는 엄마손
나무옹이처럼 눌러붙은
삶의 손가락 마디마디

골골이 밭고랑처럼
깊게 패인 주름살 위로
튀어나온 삶의 핏줄
참나무 표고버섯처럼
참아온 손등에 붙어있는 검버섯

배꼽 눌러 돌려주면 약손이 되고
눈 덮은 한겨울엔 대바늘로
날개옷을 입혀준 희망의 손

엄마는 여자라고 생각하지 못했던
손을 잡으면 굳은 면역의 힘이
온몸에 전류처럼 흐르는

엄마

엄마는 여자가 아니다
여자와 남자 사이 그 어디쯤 머무는……

닉부이치치의 꿈

사랑의 뿌리는 힘이 세다
알로카시아 줄기가 패이고 휘어져
더 이상 설 수 없는 지경
지지대를 세워줄까 했지만

반 틈 이상 불만으로 짓물러 버린
개의치 않은 한 쪽 켠
애써 힘내는 사랑의 뿌리들
넓은 초록 잎은 평온한데
근본적인 뿌리들이
사투를 벌이고 있다니

과감하게 도려내는
부정의 썩은 뿌리들
도려낼 때는 온 에너지를
명치에 모아 한번에

장미그늘 아래 쪼인 긍정의 빛
뿌리 없는 알로카시아
물이라면 너를 받아주리
생명의 원천인 물에게
맡겨 둔 사흘

아 뿌리는 내가 내리면 돼요
팔도 다리도 없는 닉부이치치
허리춤에서 삐죽이 내리는 사랑
희망의 꿈틀거림 영혼의 자람

곡선으로 휠 수 있어 다행입니다

나는 휘어져 당신에게로 갑니다
내 안에 직선의 살들도 많지만
당신에게 다가가고 싶어
저 높은곳을 향하다

아마 작은 직선의 살들만 있었다면
그 작은 어깨 어디쯤 찔렸을지도
당신에게 가까이 다가가기에 한참을 망설였던
참나무 껍질처럼 단단한 나를 휜다는 것은

어깨 시린 비를 흠뻑 맞을 때
뜨거워서 데인 등짝이 홀로일 때
서로의 어깨를 감싸 안을 수 있는
곡선으로 휘어지는 우산살

셔터의 삶

멀리 때로는 더 멀리
가까이 때로는 더 가까이

자세히 더 자세히
교감하는 순간

네모난 삶 속으로
들어오는 그대

그대의 등불

그대
등불을 켜세요

타오르다만 심지에
불을 붙여보세요

심연 속에 내려앉은 그을음
이제 닦아낼 때가 되었어요.

그대 등불로
밝혀주세요

지금은 대화중

지상에서 가장 예쁜 풀꽃을
순수한 영혼으로 건넨 95.1㎒

흘깃 쳐다보는 말없는 말속의
85.2㎒ 87.5㎒ 89.1㎒

찌지직 찌지직 93.9㎒
내 속에서 들리는 잡음

연결

때로는
가늘고 굵은 생의 가지 끝
그 어디 머문 자리에
피어나는 우리

단발머리 사춘기 소녀
세상이 그저 혼돈이었을 때
넓은 하늘길 제 길을 몰라
방황하던 새에게 머물
작은 나뭇가지 한 켠 내주던 그녀

목련가지
작은 새싹으로 시작되어
잊혀지지 않는
수많은 점을 선으로 이어

이제야 돌고 돌아
마주잡은 손바닥 같은
면으로 피어난
인드라망

어머니의 강

어머니의 사랑이 흐르듯
새벽강의 고요한
흐름

현실적 고통의 황토물이
삶의 신작로까지 덮쳤을 그날도

묵묵히
흘렀을 어머니 사랑
울 어머니의 강물

충렬사에서

소용돌이칠 때를 기다리고
갈등을 무서워하지 말고
받아들이라 한다.

소용돌이 소용돌이
속으로 빨려 들어갈 것이라
갈등 한아름 안고 들른 곳
바람소리 바람 지나가듯
씻기울 일이라 전한다
자유로운 새처럼 푸른 하늘을 날으라 한다

머리를 숙여서 들어가고
나올 수 있을 때
비로소
때라고 말씀하신다.

보랏빛 저쪽

동녘하늘 서녘 하늘 비치는 보랏빛
서로 마주하며 알 수 없다는 빛

나와 너의 신비한 만남 속에
내가 너일 수 없고
네가 나일 수 없듯이

서로 등대고 그 무엇을 향해
그 어디 등지는 곳에서는 온통 상처뿐
한 치의 양보도 없이 꼬일 대로 꼬여
끝끝내 저 높은 곳에 다다르고 다다라

비로소 보랏빛으로
피어나는 너와 나

잠

한낮의
그 뜨거운 열기와
거칠었던 분노
역겨운 비웃음과
터질 듯 환호조차
잠자며 잠재우고 잠잠하게 하는

내 몸에 가장 오래 닿아 있을
지상의 평화로운
성지로 가는
순례길

달빛 안부

달은 점점 차오르는데
돌아오지 않는 아버지

어느 투전판에 전대 끌러
쌍심지에 켜진 어쩔 줄 모르는 중독
애간장 끓는 분노도 차오르고

뿌연 먼지 속으로 아련히 사라지는
고개 숙인 신작로 버스의 뒷모습

치열한 그 가을은 다 지나고
영영 돌아오지 않는
이녁 하늘에서
그리움의 안부를 전하는
달그림자

우도의 숲을 거닐며

파리처럼 가볍게
소 등짝에 올라타고
남 따라 시장가지 말라던

네 걸음으로
내 길을 찾아
큰 눈망울 굴리며
우직하게 걸으라던

소를 닮은
느린 인생
배움의 길
이제야 떠오르는
아버지 한 말씀

수성못 연가

가을햇살 사이로
길디긴 못 푸는 소리
아득하다

갈대 사이로 애틋한 거문고 한 자락
내 곁에 머물러 진한 설레임의 얼음판
스케이트 날 위로 손끝 닿았던

아는지 모르는지
잊혀질 듯 유유히 흘러간
그리운 시간들

가을 햇살 같은 그대
삶의 안부를 묻는

엄마, 소의 길

소를 보면 엄마가 생각 난다
소 때문에 출산을 해도
마굿간 멀리 못 간다는

내 마음에 벼랑이 생기면
생각나는 붉은 소고기 국밥
목울대 넘어갈 때 음머
소 울음 같은 눈물의 소리
꿀꺽 삼키곤 했다

운명처럼 두 눈 껌벅이며
삶을 굴려 견디어 낸
아흔 고개 넘어서는
엄마다운 묵묵한 길

이제는 버티어 내는 힘으로
붉은 새살 돋듯 걸어온
엄마로서의 길이
소처럼 살아내는
길이였음을

아름다운 것들

남해 바닷가 옆 인동초를 보며
살아온 삶의 격정에 대한
출렁이는 물결 속에
일렁이는 삶의 결이
가지런히 들려질 때

가지 않은 길에 대해
푸조나무 숲을 거닐며
어느 길을 가야할까 고뇌하고

콘크리트 둑에 앉은채로
바람 부는 대로 날리는 머리카락처럼
자신의 바람대로 살아왔고 살아갈 길
진지함에 무겁지 않은

풀도 꽃이 되고 나무가 되어
심연의 들판에 작은 풀씨
빛을 주는 나무가 되기를
바라는 것에 대해 나누는
나 너 우리의 이야기

달개비의 희망

숲을 가고 맨발로 걷더니
울컥 올라오는 일이 잦아들었다
수시로 울컥울컥 고장난 펌프처럼
밑바닥에서 올라오더니
발바닥에 깊은 뿌리가 싹텄는지
울컥할 일에 고요하다

비자나무 자리를
다 채우고도 넘쳐
네가 있을 자리 아니라
마구 뽑혀 내동댕이쳤던

기어오를 수 없는 벽에 손을 뻗고
확신없는 경계의 담 위
투명한 플라스틱 컵에서조차
하얀 근본의 뿌리를 뻗는 달개비
다시 치민다 울컥 울컥

허공으로 허공으로
바람따라 청보라 날개 짓에
웃음 짓는 희망의 근본

연탄구멍 맞추기

시커먼 갈등의 집게로
열아홉의 연탄구멍을 맞춘다

정확히 맞추는 것은
오히려 맞추는 것이 아니다
딱 들러붙어 떨어지지 않고
고기를 썰어내듯 녹슨 칼로 밀어 넣는

상대가 보일 듯 말 듯 엇비슷해야
숨쉴 구멍이 보이고
지쳐 하얀 뼈마디가 보일 때라야
저마다 제각기 구멍 난 삶
독가스를 마셔가며 들여다 보고

잘 맞춘 구멍 사이로
활활 타오르는 뜨거운 삶의 열기
어쩌면 살아간다는 것은
구멍을 맞추는 일인지도

04

경계

있어서도
없어서도 안 될

경계

사람과 사람 사이
알 수 없는 금 하나

마음의 일렁임 따라 선을 넘으면
한없이 밀려가는 저 편
멀리서 선명한 수평선

뚜렷한 선과 희미한 선 사이
출렁대는 물결처럼 넘나들며
신도 어쩌지 못해 그어놓고

이리저리 흔들려
있어서도 없어서도 안 될
신기루 같은
경계선

막

막 사이에 드리워진 막을 제끼면
한낱 연극 같은 인생막

전봇대와 전봇대 사이
현실을 부르듯 펄럭이는 현수막

숨겨진 순수한 영혼의 실루엣
내안의 그림자처럼 가리운 막

덧씌워진 뿌연 편견의 막 벗겨내면
비로소 얼핏 설핏 환영 같은
환한 빛의 막이 오른다

산

그는 살아있다
아무도 없는 산길 어디쯤
이마에 떨어지며
막 피어오른 아침 햇살
저 밑의 내밀한 그림자에
생명수처럼 떨어진다
점점 밝아지는
안개처럼 휩싸인 공간
그 끝 어디쯤 절벽도 있겠지만
쌉싸름한 숲 향기가 다시
살아가야함을 일깨우는

새벽을 도는 사람

새벽 운동장을 도는 사람들
서로 손을 잡지 않아도
둥글게 돌아가는 세상

처음 온 곳으로 끝에서
회귀하는 연어처럼
멀어지듯 멀어지듯 가까이 더 가까이
끝을 향해 처음을 향해

돌고 돌면
강렬한 저항도 없이
높이 솟아오르지 않아도
저절로 알게 되는 원형의 미학

여기 둥글게
여기 더 멀리 더 가까이
끝없이 끝없이 흐르며
나, 곧 지나갈 한 순간으로

새로운 원을 바라지만
이탈하지 않고야 항상 그 자리 원
전설처럼 기억하고 있는
자궁의 그 내밀함을
알고 있는 그대
새벽을 도는 사람

봄 같이 오는 인생

길모퉁이 쪼그리고 있는
그 남자 앞 수북한 꽁초들

고통의 연기 속으로
현실은 블랙홀처럼 빨려 들어가고
라면처럼 후루룩 삼키고야 마는
쓰디쓴 삶의 중독성

철지난 그리움보다 먼저 와 있는
목련꽃 희망은
희미하게 날아가도

절망의 조급함 속에서
기다림이 깊은 봄에게
내뱉어 보라

추워도 오는
봄 같은 인생

12.12 꽃의 반란

낮게 내린 하늘 아래 가슴 한 켠
그 발자국 무겁다.
가끔은 일탈을 꿈꾸는 마음처럼
12월에 핀 개나리의 반란

지금
낯선 곳으로 떠나기 위해
겨울을 뚫고 일어서야만 하는 곳
사하라 사막도
데린구유 지하도시도 아닌
안전하게 머무는 여기

한 번도 가본 적 없는
낯선 길로의
반란을 꿈꾸며
스스로 혁명을 도모해 온
겨울을 선택하자
더욱 선명해지는 열정

새해를 맞아

새 해를 보니
새 사람이 되었다

분명 어제의 해가
오늘의 해인데

아니다 일초전
덜 웃고 덜 믿고 덜 감사했다

이제야 알겠다
다시 해마다 새 해를 받는 건
새 해가 내편임을
알아채는 것

아 내게도 빛이 있다면
삶을 보라하듯
오늘의 보랏빛으로
다시 빛내어 보리라

새해 첫 산을 걸으며

바짝 마른듯해도
봄의 화려한 부활을 꿈꾸며

조용히 기다릴 줄 아는
겨울나무가 진정한 승자이리

흔들리지 않고 꼿꼿한
능선너머의 타워를 보라

산 넘어 산 넘어서
지루함을 떨치고
어김없이 떠오르는
첫 해를 보라

하늘을 향해 펄럭이는
산불조심의 깃발처럼
매 순간 흔들리며
조심스레 첫 발을 딛는
경이로움에 눈 뜨라

다시, 봄

보내지 아니하였지만
매운 겨울은 물러가고

오라 하지 아니하였건만
꼭
찾아오는 꿈의 봄

겨우내 살아나
다시
봄

이끼

썩은 나무둥치
한 치의 틈도 없는
콘크리트에 붙어
말라 비틀어져도

허리춤을 부여잡고
결코 떨어지지 않는
함께 걸어가는 생
삶의 밑줄 그어 열심히 읽는다

모두가 높이 오르려 할 때
낮게 낮게 몸을 낮추고
곁살이에도 햇살은 비추고
아름다울 수 있다는 듯

깍지

매일 아침 산에 올라 팔을 뻗어본다
돌에 끼어 좀처럼 빠져나오기 힘든
오른 어깨 날갯죽지

큰 산을 오르듯
높이 들어 등짝을 넘어본다.
어림없는 팔 들기
어느새 귀때기에 딱 붙은 깍지다

깍지는 허리 뒤로 힘껏 넘어가본다
뻣뻣한 등짝과 산 중턱 그 어디쯤
조곤조곤 들려주는 목소리

괜찮아 너는 혼자가 아니야
언젠가 하게 될 거야
너는 혼자가 아니야

아

혼자가 아니다

산 정상을 느리게 오르는

노부부의 깍지낀 삶의 마디

꽃과 나무의 대화

나무 같은 내가 꽃 같은 너에게 나무라 할 때
꽃 같은 네가 나무 같은 나를 꽃으로 볼 때

나무가 되고 싶은 꽃 같은 네가
꽃이 되고 싶은 나무 같은 내가

긴 밤 하얗게 지새우는
존재로의
향기

달빛, 읽다

삶의 속울음을
삼키는 갈대
몸을 흔들다

그윽한 호수 위 달빛
글 읽는 한 음 한 음
꽃 같은 삶 뜬다
원래 무겁지 않다는 듯

괜찮다 울어도 된다
살다보면 살아낸다
뜨고 지는 내 몸처럼
생겨나고 사라진다

작은 새에게

가을의 길목에
작은 새 한 마리
물가에 내려앉다

봄이 오면 여름오고
깊은 가을 지나
겨울오기 마련이지

네 작은 몸을 쉬어가렴
돌 사이 구르는 마른 듯한
가을 물들에게 귀 기울이고
눈썹사이 지나가는
바람의 이야기들

별이 내려와 피어낸
이름 모를 풀꽃들의
가을가을한
저 나무들이 붉어지는 소리를

어릴적 산등성이 별똥별 떼어내듯
한 잎 한 잎 모아보는
아릿한 꽃잎 같은 추억의

겨울강가에서

겨울강가에 서면
새 울음소리가 난다
물과 얼음이 부딪쳐

울어서 깨트릴 수 있다면
부딪쳐야 한다
얼음과 물이
남이 아닌 또 다른 나
나와 내가 부딪치는
그곳에는 항상 새의
노래 아닌 울음소리 들린다

서걱대는 갈대소리도
빛 닿아 빛나듯
부딪쳐 울음 그칠 때쯤
물과 얼음 하나 되어
흐르리

하늘그늘

하늘도 가끔 쉬고 싶을 때가 있다
나무가 하늘을 향한 것도
물속의 내 그림자
거꾸로인 것도
하늘에 그늘을 주기 위함일지도

누군들 그늘에 앉아보면
숨이 내려가고 옆가지가
보이지 않겠는가

하늘도 가끔은 쉴 수 있는
그늘을 찾는다

친구이고 싶다

코로나19로 격리된 시간
더 이상 참기 어려워
친구와 오르기로 한 산

먼저와 기다리는 내내
마스크를 쓰고 오가는 사람들은
멀리서 서로 반갑게 손을 흔든다
고개를 끄덕이며 다가오는 종종걸음
멋쩍게 사라지는 재바름

역병이 입을 틀어막아
친구인척 덧씌워진 말들이
빛바랜 햇살처럼 하얗게 순해지고
친구니까 한다는 상처 주었을
까맣게 견디어 내고 있는 침묵

사람을 멀리하게 하는 입
사람을 무섭게 하는 입
막아야 하는 입
친구이고 싶다

통행료는 면제입니다

이유있는 눈물 한 방울
우주의 마음이 움직였다
작은 꽃잎파리 하나
괜찮아 울어도 돼

볼을 타고 흐르는 현의 소리
집시처럼 떠도는 영혼들
지고이네르바이젠

동쪽에서 비춰지는
밝은 햇살의 톨게이트
통행료 면제입니다

죽어가는 꽃잎 눌러
살려낸 누름꽃
꿈의 불씨 살려내면
이승에서 저승으로의
통행료는 면제입니다

그해 봄 무반주 첼로소리

들리지 않는다
버드나무 아래 넋 놓고 있는 그대
하염없이 걷고 또 걷는 나에게

새들의 울음소리도
얼음 녹은 냇물의 재잘거림도
들리지 않는 눈부신 햇살의 노래

이국에서 날아온 코로나19
반주 섞인 온갖 불협화음의 말들
하얀 재갈을 물린 하늘의 전보라면
인간이 하늘을 넘보지는 않았을까

침묵으로 되돌아보며
텅빈거리 구부러진 허리로
무우며 양파며 쑥갓 몇 개를 싣고
힘차게 밟는 페달
반주 없는 봄의 첼로 소리

기쁨이 슬픔에게, 슬픔이 기쁨에게

기쁨이 소리친다
입 다물어라 입 다물어라

기쁜 입을 꾹 다물어
꿀꺽 삼키지 않으면

팔에 붙어온 슬픔이
기쁜 팔을 밟는다

슬픔이 소리친다
입 다물어라 입 다물어라

슬픈 입을 꾹 다물어
꿀꺽 삼키면

등에 업혀온 기쁨이
슬픈 가슴에 안긴다

타워

더 온전히 서 있고자
바람이 불면 부는 대로
눈이 오면 오는 대로

벼락 맞으면
온몸으로 맞아 땅속 깊숙이
받아 넣으리
흔들리지 않으리

차라리
폭파당해 흔적도 없이 사라질지언정

봄, 불안한 아름다움

행복이 사라질까
성큼 허락 없이
온몸을 꽃밭에 들여 놓고

싱싱한 초록미소로
물오른 브이 가지를 그리며
네모난 틀 안으로

영원 속에 담는 찰라
꽃 진 자리
금새 몸을 숨긴 봄
엄습해 오는 불안

찰칵 선명하게 찍히는
꽃자리 지금 이 자리

자극

바스락거리는 나뭇잎 위로
매 맞는 소리처럼 떨어지는 빗방울
뿌리까지 전해질 때
비로소 새잎 돋을 힘을 준다

이른 봄 탁탁
게으름과 불성실과 정직하지 못한
종아리에 선명한 붉은 자국

내 안의 마른 세포들을
따끔하게 일깨우는
아버지의 회초리

아름다운 인생을 꿈꾸는 시

나태주(시인)

해설

아름다운 인생을 꿈꾸는 시

나태주(시인)

1

나는 평론이나 문학 이론을 정식으로 공부하지 않은 사람이기에 분석적으로 작품을 보고 글을 쓰는 능력이 없는 사람입니다. 다만 작품을 읽고 그 인상을 감상문 형식으로 쓰는 능력밖에는 없는 사람입니다.

시집 원고를 두 차례 거푸 읽었습니다. 우선은 시에 대한 열정이 대단한 분이고 글을 어떻게 하든지 아름답게 쓰고자 하는 노력이 강한 느낌을 받았습니다.

시란 언어로 표현되는 문학작품이지만 다른 문학작품과는 많이 다른 글입니다. 글에서 중요한 것이 '무엇(What)'과 '어떻게(How)'인데 이 두 가지가 다른 글과 많이 다릅니다. 우선 '무엇'은 시의 소재, 시의 내용을 말합니다. 다른 문학작품과 달리 시에서의 무엇은 인간의 감정입니다. 가령 소

설이 사건을 다루고 수필이 생각을 다룰 때 시는 감정을 그 소재(내용)로 삼는다는 것입니다.

그다음, '어떻게'에 대해서도 그렇습니다. 시에서의 문장과 언어는 무조건 짧고 간결하며 임팩트(감동, 충격)가 있어야 합니다. 대체로 볼 때 사람들의 감정이나 느낌은 비슷비슷합니다. 그러니까 '무엇'이 비슷하다는 말입니다. 하지만 그것을 언어로 표현하는 일은 천차만별입니다. 그래서 시 작품에서 중요한 것은 어떻게, 언어 표현이 되는 것입니다.

나는 시를 읽을 때 비판적으로 읽지 않습니다. 객관적으로 읽지도 않습니다. 지극히 감흥 위주로 읽고 또 주관적으로 읽습니다. 말하자면 내 방식대로 읽는다는 이야기입니다. 일단 나는 시 작품을 읽으면서 내 마음을 시 작품에 기대어 봅니다. 그런 다음 거기에서 무슨 느낌이 오는가를 살펴봅니다. 색깔이나 소리나 모양이나 떨림이 오기를 기다려봅니다.

2

그러면서 몇 편의 작품을 골라내어 보았습니다. 지금부터 그 작품들에 대한 이야기를 좀 적어볼까 합니다. 여성적인 예민하고 결 고운 감성이 표현된 작품이 대부분이었습니다.

나는 시에서 인생이 들어간 작품을 좋아합니다. 모든 시 작품은 크게 보아 삶의 기록 같은 일기요, 그것은 또 모여서 그 사람의 자서전이 된다고 믿는 사람이기에 더욱 그렇습니다. 나는 오영희 시인의 시집에서 두 사람의 시적 대상을 찾아냈습니다. 그 사람은 시인의 부모님이었습니다.

바스락거리는 나뭇잎 위로
매 맞는 소리처럼 떨어지는 빗방울
뿌리까지 전해질 때
비로소 새잎 돋을 힘을 준다

이른 봄 탁탁
게으름과 불성실과 정직하지 못한
종아리에 선명한 붉은 자극

내 안의 마른 세포들을
따끔하게 일깨우는
아버지의 회초리

–「자극」 전문

자연의 경험을 인생의 경험으로 바꾼 작품입니다. 시인은 먼저 자연의 소리와 형태를 경험합니다. 1연의 '바스락거리는 나뭇잎 위로/ 매 맞는 소리처럼 떨어지는 빗방울/ 뿌리까지 전해질 때/ 비로소 새잎 돋을 힘을 준다'가 그것입니다. 살아가다가 흔히 있는 일, 있을 수 있는 일, 우연의 일입니다.

하지만 이 우연을 시인은 필연의 일로 바꾸고 인간의 일, 그러니까 자신의 추억과 연결시킵니다. 2연의 '이른 봄 탁탁/ 게으름과 불성실과 정직하지 못한/ 종아리에 선명한 붉은 자국'은 아버지와의 추억으로 넘어가는 디딤돌 역할을 합니다. 아버지에게서 받은 게으름을 멀리해라, 성실해라, 정직해라, 와 같은 교훈의 항목들을 되새기도 합니다.

다 아시는 바와 같이 시의 핵심은 후반부입니다. 우리네 인생의 핵심이 후반부이듯이 시에서도 그건 그렇습니다. 특히 이 대목에서는 반전(反轉)과 변용(變容)이 중요합니다. 반전은 앞으로 가다가 슬쩍 멈춰서서 뒤를 돌아봄이요, 변용은 지금까지의 얼굴을 바꾸어 새로운 얼굴을 보여줌입니다. 이 두 가지가 없을 때 시의 감동은 기대하기 어렵습니다.

그러면 시인의 시 마지막 부분에 그 반전과 변용이 있을까요? '내 안의 마른 세포들을/ 따끔하게 일깨우는/ 아버지의 회초리'. 1연의 '빗방울' 소리와 2연의 '탁탁'이란 의성어가 '아버지의 회초리'로 바뀌었군요. 반전과 변용을 가져온 증거입니다.

흉악하다고 꺼려하는 엄마손
나무옹이처럼 눌러붙은
삶의 손가락 마디마디

골골이 밭고랑처럼

깊게 패인 주름살 위로
튀어나온 삶의 핏줄
참나무 표고버섯처럼
참아온 손등에 붙어있는 검버섯

배꼽 눌러 돌려주면 약손이 되고
눈 덮은 한겨울엔 대바늘로
날개옷을 입혀준 희망의 손

엄마는 여자라고 생각하지 못했던
손을 잡으면 굳은 면역의 힘이
온몸에 전류처럼 흐르는

–「희망의 손」 전문

이번에 읽어 보는 시는 어머니에 대한 작품입니다. 아버지가 바깥부모라면 어머니는 안부모이시지요. 가정 안에서의 삶을 챙겨주시고 책임져주시는 분이 어머니이십니다. 그만큼 수고가 많고 고초가 많은 분이 어머니이기 마련인데 시인도 역시 거기에 초점을 맞추어서 시를 이루었습니다.

구체적으로 말해 어머니의 손, '엄마손'에 주목을 합니다. 온갖 고생을 마다하지 않고 살아온 손. 집안의 모든 어려움을 대신해서 맡아서 해결해준 손. 그 손에 대한 시인 나름대로의 성실하고 놀라운 찬사를 보여주는 작품입니다.

어렸을 때 자식들은 어머니는 언제나 그래도 된다는 생각 속에서 삽니다. 당연히 그래야 하는 것이 엄마라고 생각합니다. 구체적으로 말한다면 엄마는 그 누구와도 달라서 참지 못할 것도 참아야 하고 기다리지 못할 것도 기다려야 하고 하지 못할 일도 해야 한다고 생각하는 것이지요.

그러나 정말 그럴까요? 엄마도 감정과 소망과 하소연이 있는 사람이고 또 엄마도 여자란 사실을 자식들은 오래 알지 못합니다. 그것을 깨달았을 때는 이미 늦은 다음이고 회복하기 어려운 때이기 십상입니다. 이러한 후회와 탄식을 이 작품 다음에 나오는 시가 보여줍니다. 짧은 작품이니 옮겨 보겠습니다.

엄마는 여자가 아니다
여자와 남자 사이 그 어디쯤 머무는……

– 「엄마」 전문

이번에는 시인 자신의 추억에 대한 글을 한번 보겠습니다. 시는 추억의 산물입니다. 추억이란 과거 내 삶의 기억이 망각되고 마모되고 변형되어 본래의 그것과는 사뭇 다른 형태와 빛깔로 마음속에 기억되는 그 무엇을 말합니다. 대략 아름답게, 그립게 기억되게 마련이지요.

자주 가는 산길에 그녀가
무수히 지나면 발끝에 채여 쓰러지고
새벽 담배 밭고랑에 앉아 뽑아내야
갈 수 있었던

곳간 높이 말린 담뱃잎
발끝 딛고 내릴 때처럼
생의 외줄을 아슬아슬하게 버티는 것임을
우리네 삶 광대놀음이라 일러주듯

오랜 세월 기다렸다는 듯
알 듯 말 듯 건네는
진분홍빛 해맑은 미소의
광대나물

–「광대놀음」 전문

3연으로 구성된 작품인데 1연은 현재의 일과 과거 어린 시절의 일을 오버랩해서 표현했고, 2연은 역시 과거의 체험과 인생살이의 고달픔을 같은 방식으로 표현한 부분이고, 3연은 1연과 2연의 감흥을 모으고 조여 결론 내린 부분입니다. 반전과 변용이 있다고 보아야 할 것입니다.

이렇게 시는 정확하게 이것이다, 말하거나 실증적으로 보여주지 않아도 그 자신의 체험과 소망과 감정을 보여주는 글이라고 생각합니다. 그러기에 시는 시인의 감정→ 언어로 표현된 시 작품 →독자의 감흥으로 이어지고 확대되고 재생산된다고 봅니다. 이런 작업이 잘 이루어졌을 때 그 작품은 좋은 작품, 감동적인 작품으로 평가되는 것이라고 말할 수 있을 것입니다.

3

오영희 시인은 인생을 참 아름답고 맑고 곱게 살아온 분으로 보입니다. 시작품이 그것을 말해줍니다.

이번 시집도 충분히 좋았으니 앞으로 더욱 좋은 시를 쓰시어 주변 사람들에게 기쁨을 주고 많은 독자들에게 감동과 호응을 함께 얻으시기를 축원합니다. 끝으로, 시인의 작품 가운데 조금은 특이한 작품 하나를 더 열거하면서 글을 마무리 지을까 합니다. 이 시는 인생과 삶에 대한 존재론적인 관심과 그 성과를 함께 보여준 작품이라 하겠습니다.

하늘도 가끔 쉬고 싶을 때가 있다
나무가 하늘을 향한 것도
물속의 내 그림자
거꾸로인 것도
하늘에 그늘을 주기 위함일지도

누군들 그늘에 앉아보면
숨이 내려가고 옆가지가
보이지 않겠는가

하늘도 가끔은 쉴 수 있는
그늘을 찾는다

－「하늘그늘」 전문

다시, 애썼다 피워내느라

지은이 · 오영희
펴낸이 · 유재영
펴낸곳 · 주식회사 동학사

1판 1쇄 · 2022년 3월 18일
출판등록 · 1987년 11월 27일 제10-149

주소 · 04083 서울 마포구 토정로53 (합정동)
전화 · 324-6130, 324-6131 | 팩스 · 324-6135
E-메일 | dhsbook@hanmail.net
홈페이지 | www.donghaksa.co.kr
www.green-home.co.kr

ISBN 978-89-7190-820-4 03810